# Enjoy!

Dieses Buch ist eine einzige Spielwiese zum Üben und Experimentieren mit Buchstaben und Zeichnungen. Dafür gibt es jede Menge Anregungen und Anleitungen – und genauso viele »leere« Seiten, auf denen du gleich alles ausprobieren kannst.

Mit den Ideen aus diesem Buch kannst du übrigens auch dann noch Spaß haben, wenn du schon alles vollgeschrieben und -gezeichnet hast: Besorge dir einfach schwarzen Fotokarton – und schon geht's wieder los! Enjoy!

Auf den schwarzen Seiten lässt sich am besten mit einem Kreidemarker oder auch Tafelkreide schreiben und zeichnen. Die Tafelkreide solltest du immer wieder anspitzen, damit die Striche nicht zu grob werden. Kleinere Fehler kannst du mit einem leicht feuchten Tuch vorsichtig korrigieren. Das Tuch darf auf keinen Fall zu nass sein, sonst beschädigst du die Oberfläche des Papiers.

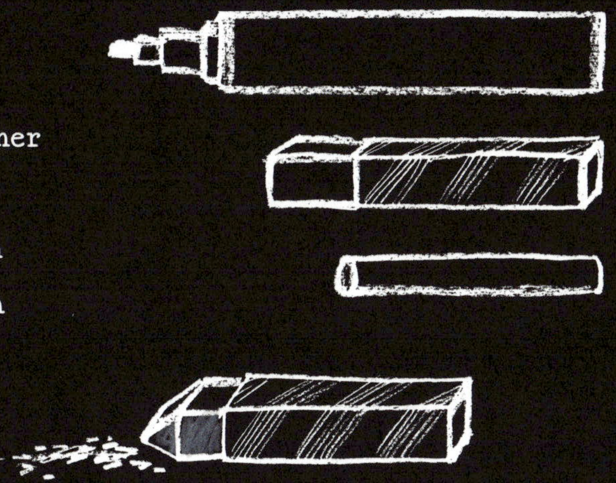

Trenne einzelne Seiten erst heraus, nachdem du alle »leeren« Seiten bearbeitet hast. So übersiehst du keine Anleitungen, die du noch gar nicht ausprobiert hast ...

# GROßBUCHSTABEN

Ein Alphabet zum Üben und Ausprobieren.
(Für die weitere Verwendung trennst du die Vorlage
nach dem Üben einfach aus dem Buch heraus.)

A B C D E F G

H I J K L M N

O P Q R S T U

V W X Y Z ß &

# Schreibschrift

Ein Alphabet zum Üben und Ausprobieren.
(Für die weitere Verwendung trennst du die Vorlage
nach dem Üben einfach aus dem Buch heraus.)

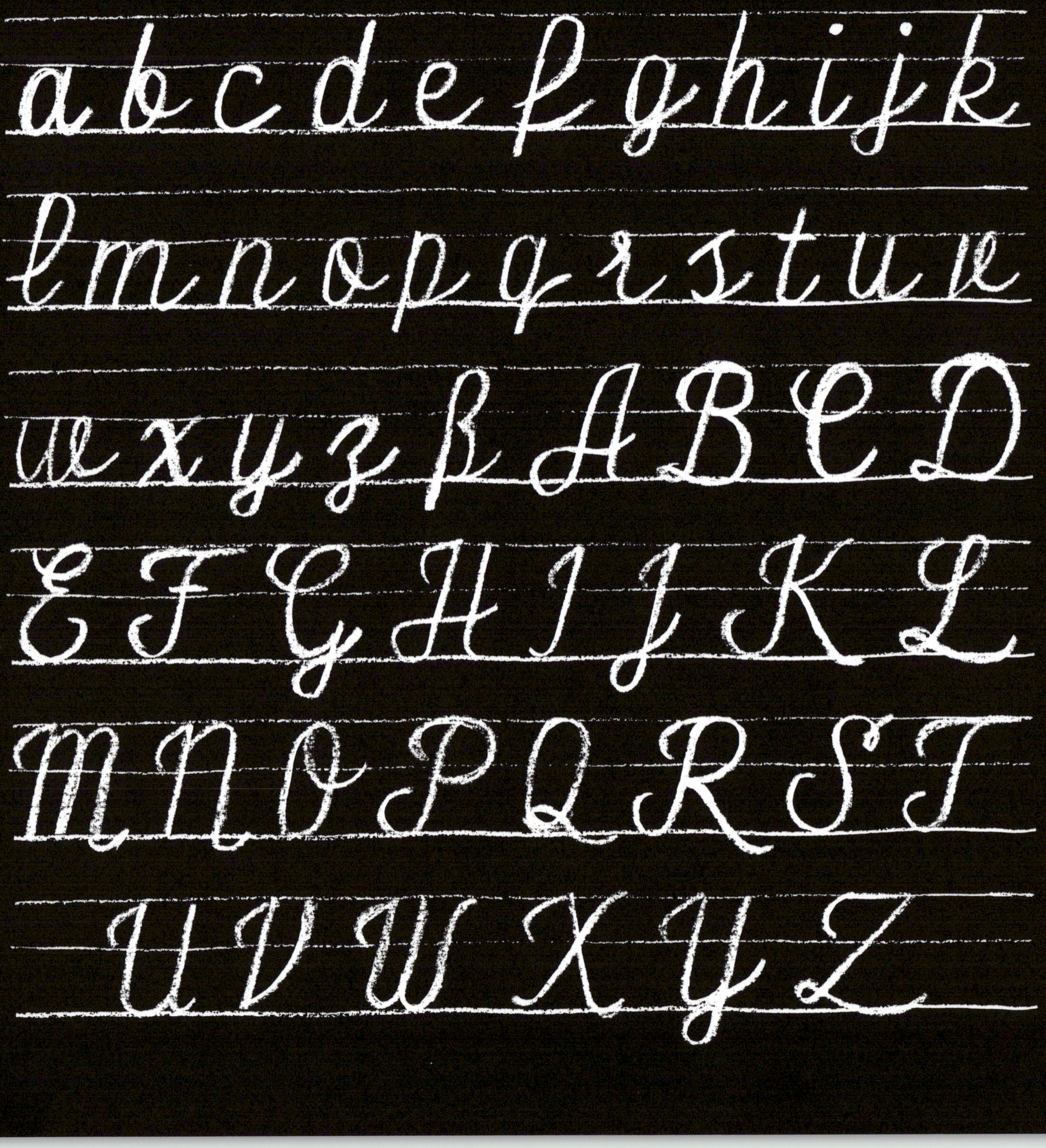

# FRÜHSTÜCK

## à la carte

Stelle dein ganz persönliches Sonntagsfrühstück zusammen.
Zeichne und/oder schreibe dazu deine Lieblingszutaten in den Rahmen.

# EINRAHMEN!

Übertrage den Spruch in die Felder auf der rechten Seite und passe dabei auch die Form der Schrift entsprechend an.

IMMER ERST DEN NACHTISCH essen

MAN WEISS JA NIE, WAS KOMMT

# Pfeilspiel

## für Letterer

Verbinde alle Punkte
mit schön gestalteten Pfeilen –
es dürfen sich dabei
aber keine Pfeile kreuzen!

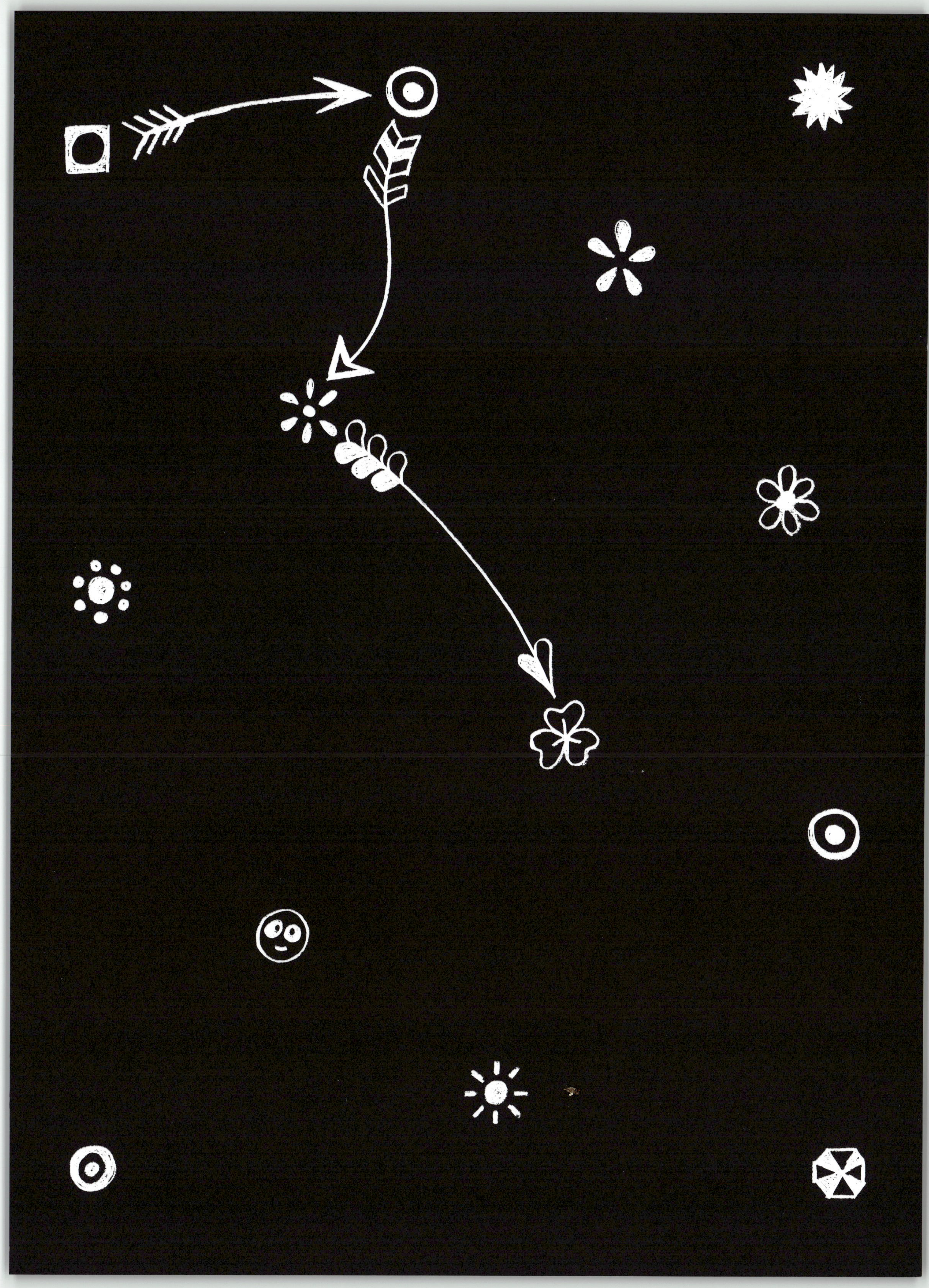

# Italien

## à la carte

Bereite deine Lieblingsgerichte aus der »Cucina della Mamma« zu.
Zeichne und/oder schreibe dazu die wichtigsten Zutaten in den Rahmen.

# Und wie wirst du so wach?

Sei dein eigener Barista:
Einfach rechts das Heißgetränk
deiner Wahl einfügen!

KAFFEE · ESPRESSO
MOKKA · CAPPUCCINO
LATTE MACCHIATO

Ein guter Tag beginnt mit

# Sei ein königlicher

# Schnörkelmeister

Setze hochnoble, kunstvolle und
phantastische Schnörkel
unter die Unterschriften
auf der rechten Seite!
(Zwei Beispiele siehst du unten.)

Marie Curie
Rosa Luxemburg
Lisa Simpson
Minnie Mouse

# ASIATISCH

## à la carte

Von Sushi bis Dim Sum: Bereite deinen ganz persönlichen Asia-Brunch zu.
Zeichne und/oder schreibe dazu deine Lieblingszutaten in den Rahmen.

# Spruch-O-MAT

Stelle dir aus den geletterten Wörtern deinen ganz persönlichen Tagesspruch zusammen.

DAS LEBEN IST

ein kein voller

Ponyhof Sternenlicht

Saustall Feuerwerk

# BANNERWERKSTATT

Vervollständige und erweitere
das Flatterband auf der rechten Seite,
bis die ganze Seite voll ist.

So zeichnest du übrigens ganz einfach ein Banner:

1.

2.

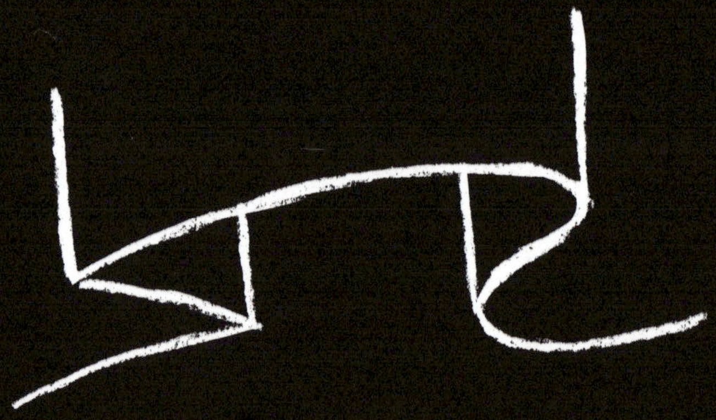

3.

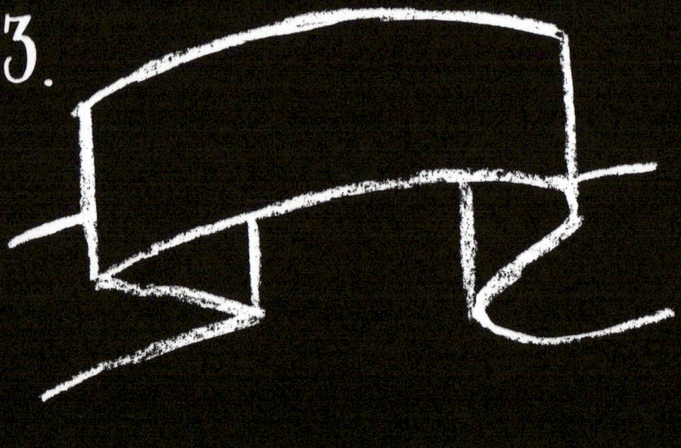

4.

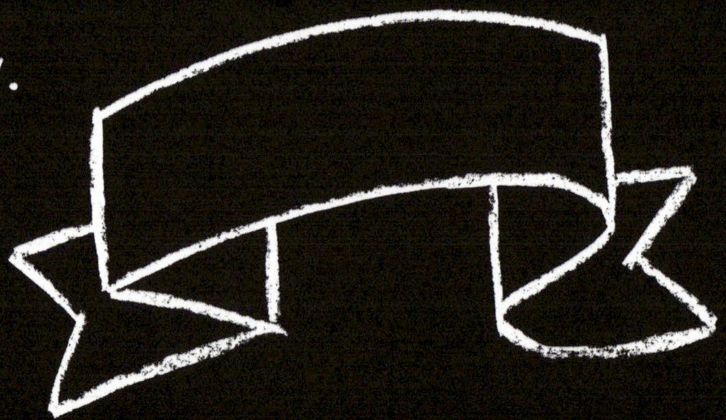

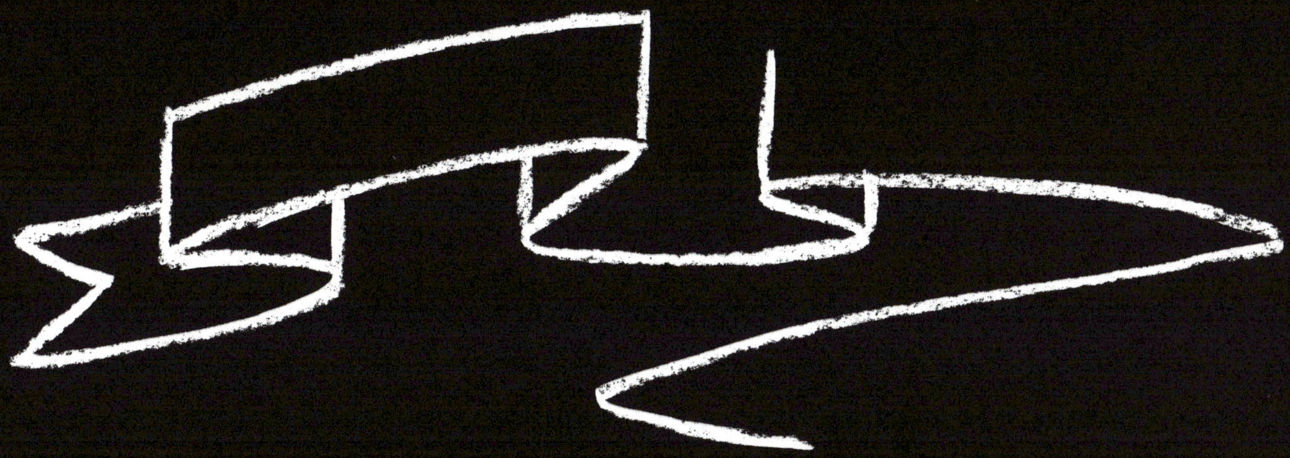

# Fisch und Meeresfrüchte

## à la carte

Heute wird's lecker und gesund: Es gibt ein Meeresbüffet.
Zeichne und/oder schreibe alle deine Lieblingszutaten in den Rahmen.

# Spruch-O-MAT

Stelle dir aus den geletterten Wörtern deinen
ganz persönlichen Tagesspruch zusammen.

Alles Lachen

Liebe Nichts

oder und ist

wird aus ohne

# Warum nicht mal …

# … BUCHSTABEN ERFINDEN?

Zeichne zu jedem Buchstaben das passende Pendant:
entweder eine Schreibschrift-Letter zu einem Antiqua-Buchstaben –
oder umgekehrt.

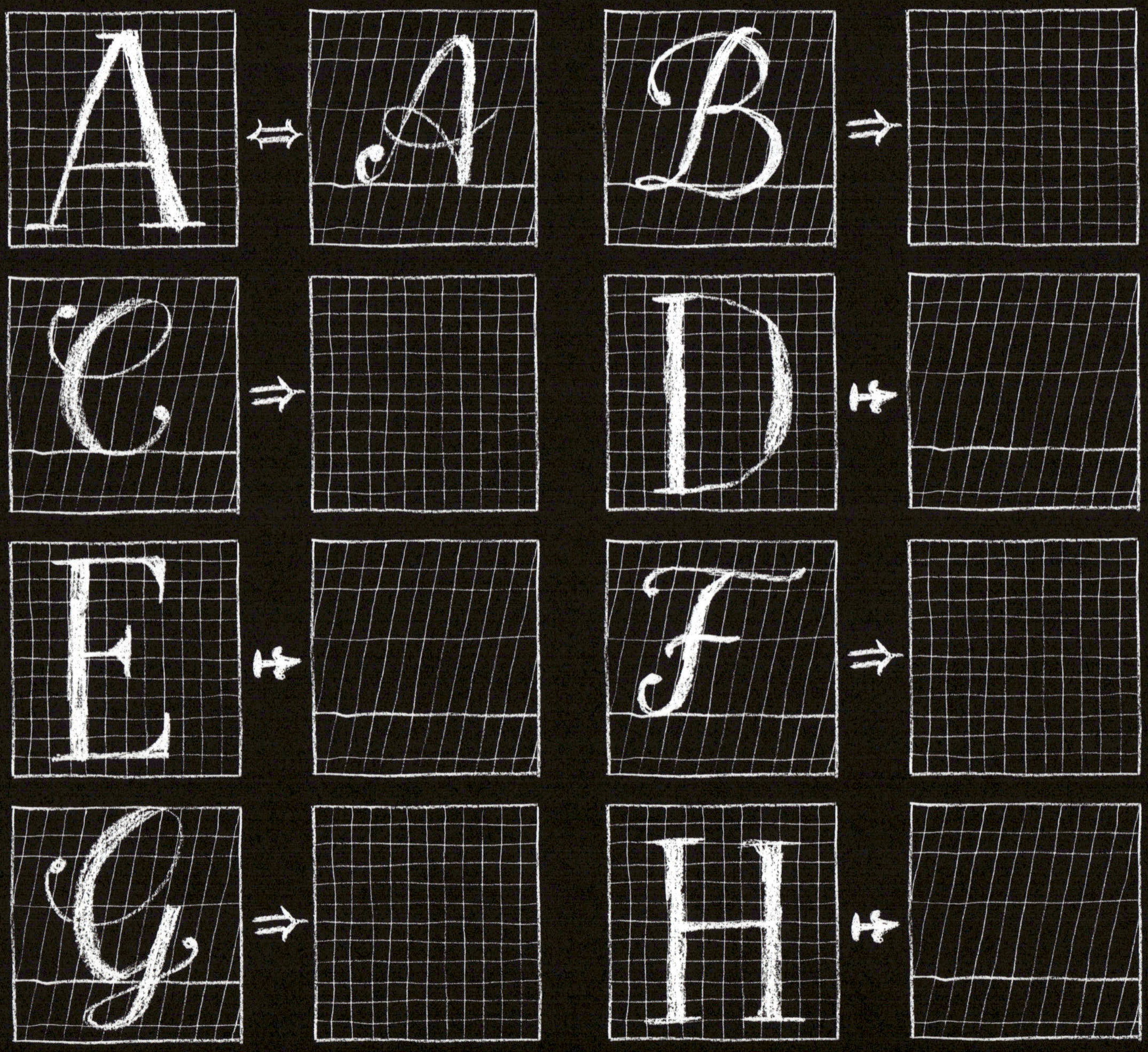

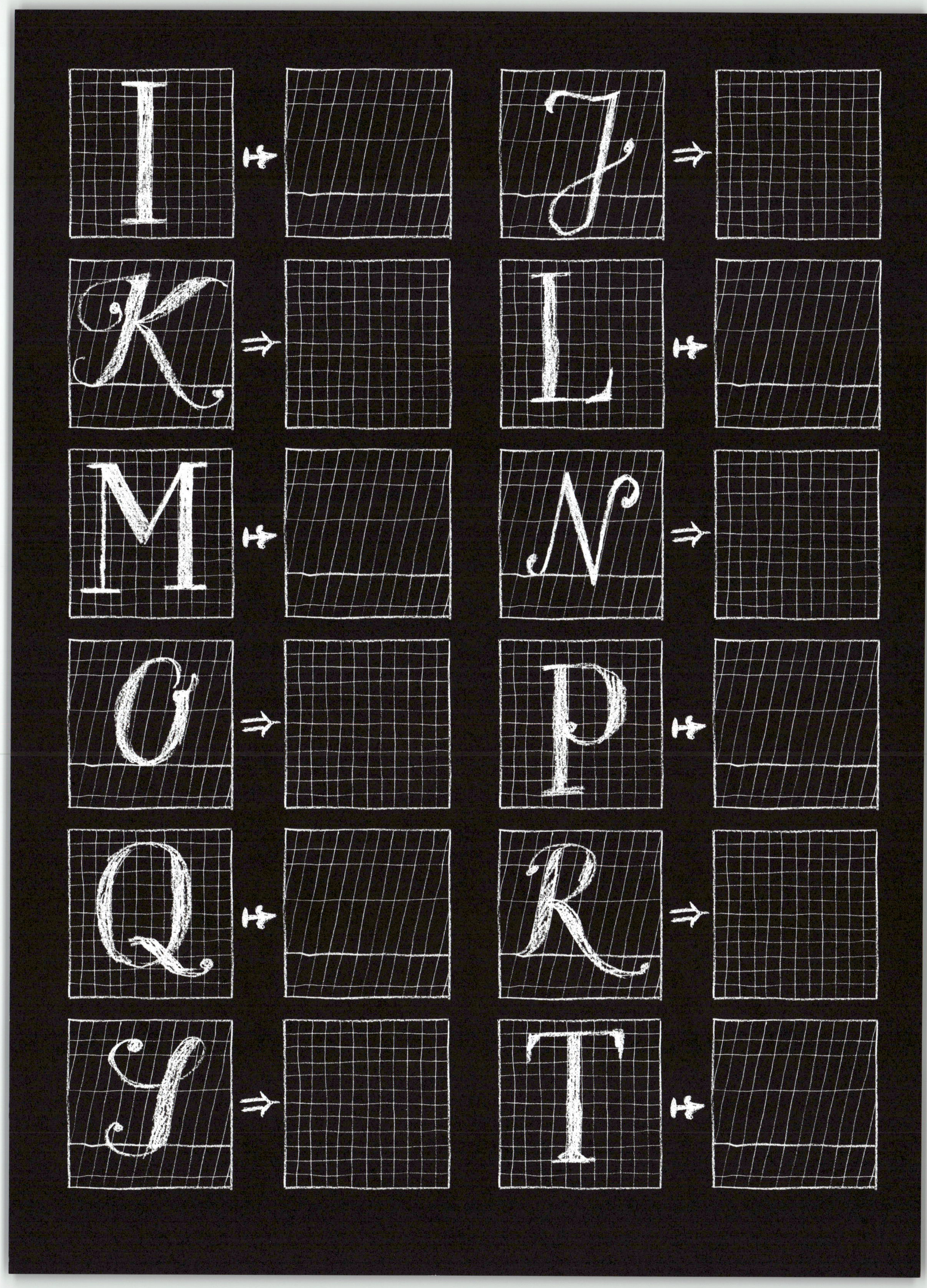
I
J
K
L
M
N
O
P
Q
R
S
T

# GLÜCKWUNSCH!

Verwende die Letteringbausteine und stelle dir
deine ganz persönlichen guten Wünsche zusammen.
Den Zweck deines Glückwunsches darfst du »freihand« ergänzen.

ICH WÜNSCHE

Dir Euch Ihnen

Schöne Liebe

Wahre Gute

Glück Erfolg

ZUM ZU ZUR

ALLES

,

&

# Salat

## À LA CARTE

Bereite dir deinen Lieblingssalat zu.
Zeichne und/oder schreibe dafür alle Zutaten in den Rahmen.

# aNONY.me Botschaft

Du musst ja nicht gleich die Nachbarschaft erpressen –
aber schreib doch einfach eine Nachricht aus „Zeitungschnipseln".
Dabei kannst du viele verschiedene Schriftarten verwenden.

Ein Tipp: Erst die Papierfetzen zeichnen, dann die Buchstaben einfügen.

1.

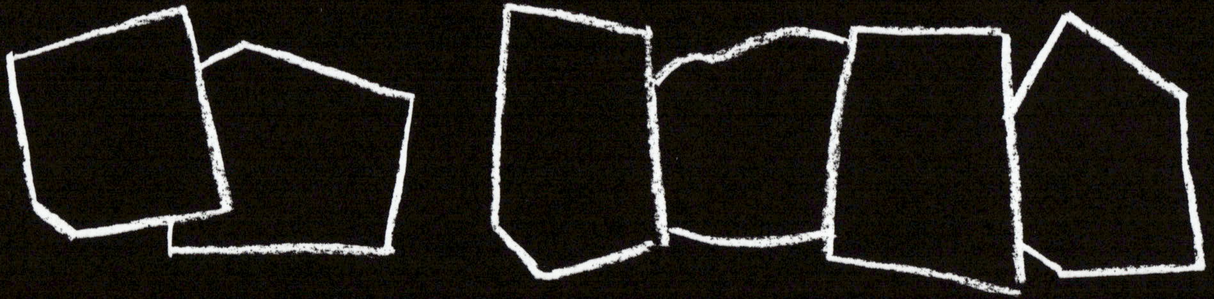

2.

# Wo geht's denn hier auf

# Weltreise?

Beschrifte die Kofferaufkleber mit den passenden Ortsnamen.

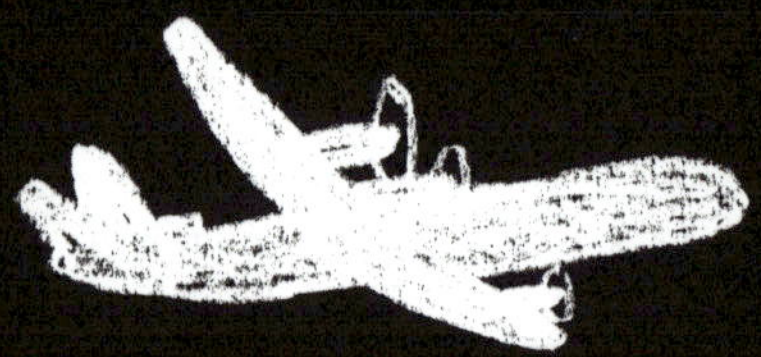

NEW YORK

*Kairo*

HAWAII

PARIS

BEIJING

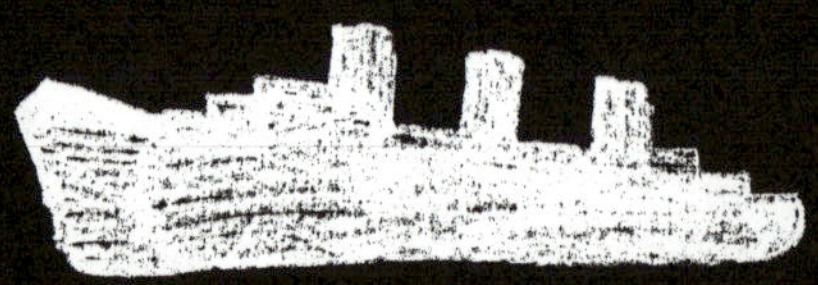

京
北

# FASTFOOD

## *à la carte*

Manchmal darf man auch sündigen ...

Zeichne und/oder schreibe dein Lieblingsfastfood in den Rahmen.

BASTELSTUNDE!

# Tischkarten für einen Geburtstag

Schneide die vier Karten aus und schneide dann vorsichtig den Umriss der Kerzenflamme ein. Falze die Karte dann in der Mitte, dabei muss die Flamme stehen bleiben. Anschließend beschriftest du die Karten.

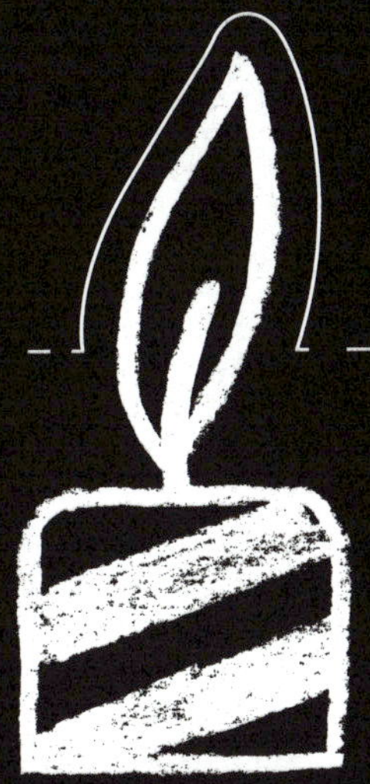

# BASTELSTUNDE!

# Tischkarten für eine Hochzeit

Schneide die vier Karten aus und schneide dann
vorsichtig den Umriss der Ringe ein.
Falze die Karte dann in der Mitte,
dabei müssen die Ringe stehen bleiben.
Anschließend beschriftest du die Karten.

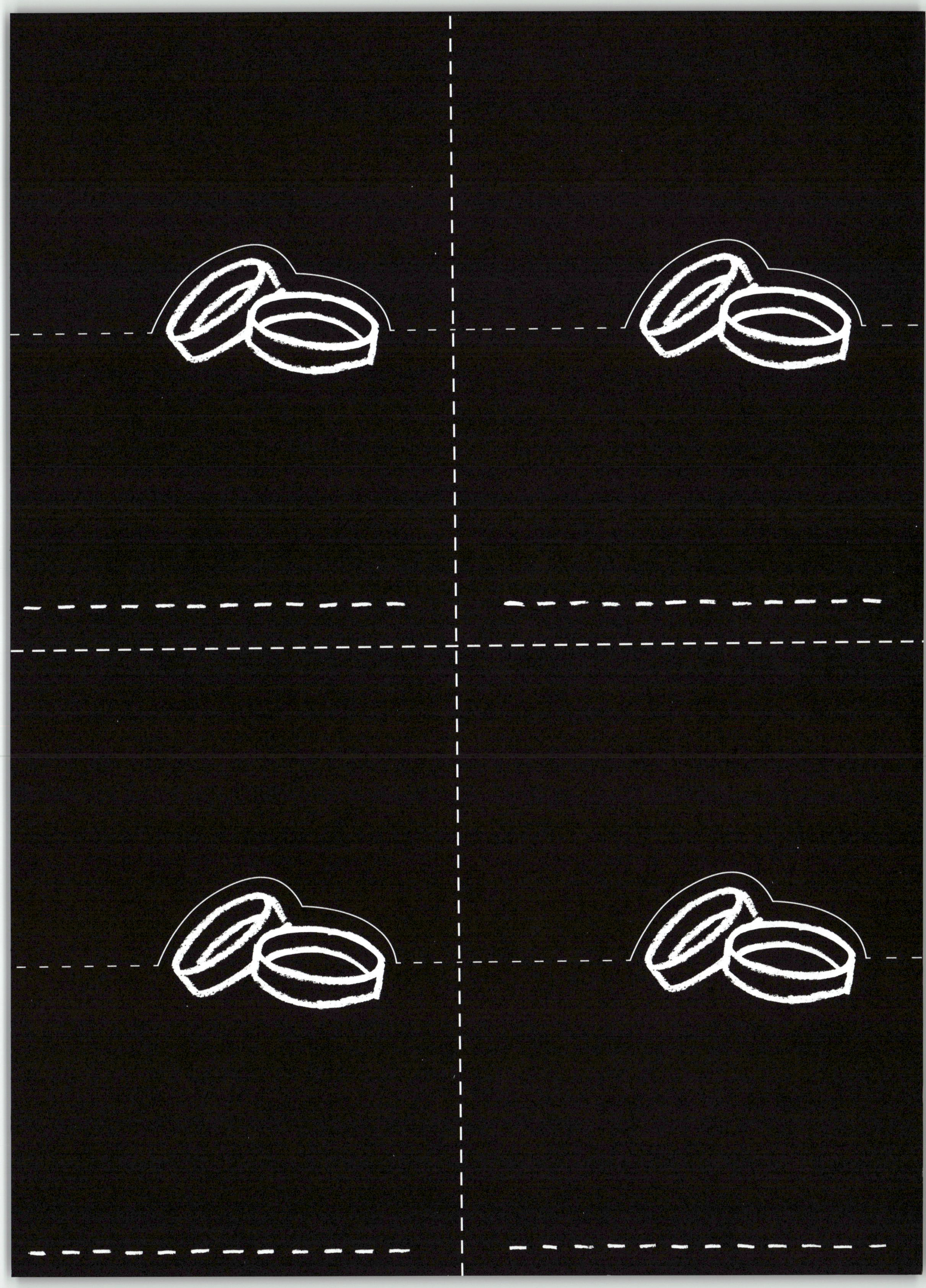

# Spruch-O-MAT

Stelle dir aus den geletterten Wörtern deinen
ganz persönlichen Tagesspruch zusammen.

☆

TRAUM PLAN
ZIEL STERNEN

beginnt wird mach liegt
zu nach in mit
ein einem der den das

☆

# EINTOPF

## à la carte

Kreiere dein ganz persönliches Eintopfgericht.
Zeichne und/oder schreibe dazu deine Lieblingszutaten in den Rahmen.

# Schnörkel spiegeln

Kopiere die Schnörkel spiegelverkehrt
in die Rahmen daneben bzw. darunter.

# Spruch-O-MAT

Stelle dir aus den geletterten Wörtern deinen ganz persönlichen Tagesspruch zusammen.

DIE
DAS
DER

Liebe Freunde
Blumen Glück

IST WIRD
WERDEN
SIND WAR
NICHT &
WIE ZU

schön
einfach
wunderbar
möglich

# GRILLEN

## à la carte

Was kommt bei dir alles auf den Grill?

Zeichne und/oder schreibe deine Lieblingszutaten in den Rahmen.

für
für
für
für
für
für
für
für
für
für

# BASTELSTUNDE!

## Geschenkanhänger für Weihnachten

Selbstgemachtes für den Gabentisch:
Geschenkanhänger ausschneiden,
ein kleines Weihnachtsornament hinzumalen
und anschließend beschriften.

# Kaffee & Kuchen

## À LA CARTE

Stelle deine ganz persönliche Kaffeetafel zusammen.
Zeichne und/oder schreibe deine Lieblingssüßigkeiten in den Rahmen.

# Warum nicht mal einen SCHNÖRKELWALD pflanzen?

Zeichne einen Dschungel aus einfachen Schwüngen und komplizierteren Schnörkeln! Auf der rechten Seite ist der Anfang schon gemacht ...

# COCKTAILS

## à la carte

Eröffne deine private Bar und mixe eigene Drinks zusammen.
Zeichne und/oder schreibe deine Lieblingszutaten in den Rahmen.

# PUB SIGNS

Englische und Irische Pubs haben komische Namen.
Aber die Namensschilder sind immer schön geschrieben.
Mach es einfach genauso und verwende dazu
die Buchstaben unten auf dieser Seite.

Man In
The Moon

Cat &
Fiddle

M C & F
T I a d e h
i l n o t

Dieses Buch ist jetzt zu Ende.
Zeit für ein neues Buch, ganz für dich allein ...
gestalte das Cover deines Lieblingsbuches!